Jacques Stéphen Alexis
Le réaliste merveilleux du marxisme haïtien

Yves Dorestal

Jacques Stéphen Alexis
Le réaliste merveilleux du marxisme haïtien

Collection : Essai

Titre : Jacques Stéphen Alexis
Le réaliste merveilleux du marxisme haïtien

Couverture et mise en page : C3 Éditions

Dépôt légal : 22-07-396
Bibliothèque nationale d'Haïti
ISBN : 978-99935-698-4-8

C3 Éditions
31, Delmas 31
Tél. : (+509) 3422-4471
c3editions.haiti@c3editions.com
www.c3editions.com

En ce temps où la terreur et ses ténèbres obscurcissent à nouveau l'espace haïtien, nous avons plus que jamais besoin de lumière(s) : des phares, des « boucans », des soleils. Le rayonnement de la personnalité et de l'oeuvre de Jacques Stéphen Alexis peut constituer une source d'inspiration et d'espoir pour les générations nouvelles.

Notre rôle de leaders éclairés, de leaders d'avenir, nous devons l'assumer avec fierté et immédiateté.

Notre rôle est effectivement celui d'une avant-garde consciente de l'urgence de l'heure et qui a fait l'option de la Culture et du Savoir, ces valeurs avec lesquelles les sociétés se construisent et prospèrent…

Y a-t-il meilleur modèle à offrir à la jeunesse haïtienne que le flamboyant écrivain et le citoyen héroïque qu'est Jacques Stéphen Alexis, justement surnommé Jacques Soleil, dont on a célébré le centenaire de la naissance en 2022 ?

Tant que nous laissons le soin à une minorité cupide et rapace de maîtriser à elle seule les instruments de pouvoir (banques, entreprenariat, commerce, culture etc…), il y a fort à parier que notre jeunesse restera prisonnière de ce magma de banditisme, de gangstérisme, de vols, de corruption et d'immoralité.

Dans tous les pays du monde la lecture des grands classiques demeure un élément fondamental dans la formation des jeunes. L'œuvre de Jacques Stéphen Alexis, pour sa haute portée humaniste et ses qualités esthétiques, compte parmi celles que les écoliers haïtiens doivent lire absolument.

L'Éditeur

Premier chapitre

L’homme et l’œuvre

Introduction

Un personnage de roman d'André Malraux déclare, à la fin d'une réflexion profonde sur la vie des hommes : il faut plus de cinquante (50) ans pour faire un homme et quand il est fait, il meurt.

Jacques Stéphen Alexis était l'une des exceptions à cette règle. Quand il est mort sous la torture, il était déjà fait comme homme et il n'avait pas encore cinquante (50) ans. Si je peux emprunter à René Depestre cette belle métaphore de son poème « Face à la nuit », il n'avait pas encore « cueilli » quarante (40) « étoiles dans le ciel de la vie ».

Dans son roman « L'espace d'un cillement », l'un des protagonistes « El Caucho » retrouve une pensée analogue qui peut s'appliquer à l'auteur lui-même : « Les hommes ne sont pas interchangeables, tous les cinquante (50) ans la nature ne peut produire qu'un seul Shakespeare, un seul Mozart, un Beethoven, un Goya, un Napoléon, un Marx, un Pasteur ou un Einstein, pas plus! C'est l'équation de la vie! On n'en a pas encore trouvé la solution... Petit problème pour le certificat d'études primaires dans cent (100) ans : « En un petit pays comme Cuba, combien d'années la nature prend-elle pour produire un Jesús Menéndez ? »

Petit problème pour le brevet d'aptitude policière contemporain : « Combien de secondes pour tuer proprement un Jesús Menéndez ? »[1]

L'assassinat de Jacques Stéphen Alexis en avril 1961 a été la barbarie dans la barbarie du régime de Duvalier : d'éminents intellectuels parmi lesquels le grand romancier, poète et homme de théâtre français Louis Aragon, avaient écrit au dictateur pour lui demander de sauvegarder sa vie en ponctuant un argument de poids : Jacques Stéphen Alexis n'appartient pas seulement à Haïti, mais au monde entier. Sa mort est un crime non seulement contre le peuple haïtien, mais contre toute l'humanité.

Dans le texte qu'il a écrit, « Hablar de Jacques Stephen Alexis » (Parler de Jacques Stéphen Alexis), comme préface de la première édition du roman de Jacques Stéphen Alexis « El compadre General Sol » (Compère Général Soleil) de la maison d'édition cubaine Casa de las Americas en 1974, voici ce que dit René Depestre : « … Tenia en su bolsillo un libro de notas donde estaban anotados con sus títulos las sinopsis de más de cuarenta novelas que germinaron en el viviero que era su cabeza[2] ». Plus de quarante (40) projets de roman ! Quelle perte pour Haïti et le monde ? Seulement avec « Compère Général Soleil » qui a été accueilli partout comme un chef-d'œuvre littéraire, Alexis aurait gagné le droit à l'immortalité.

Jean Khalfa et Robert Young ont édité les textes psychiatriques de Frantz Fanon et dans le même livre, ils ont publié une liste des ouvrages que Fanon possédait dans sa bibliothèque d'Alger[3].

---

[1] Alexis Jacques Stéphen, *L'espace d'un cillement*, Gallimard Paris 1959, p. 145

[2] Depestre René, « Buenos dias y adios a la Negritud », Segunda parte II Hablar de Jacques Stephen Alexis « Il avait dans sa valise un livre de notes où étaient notés avec ses titres les plans d'ensemble de plus de quarante (40) romans qui germaient dans le terrain qui était sa tête ». Ediciones Casa de las Americas, janvier 1987, p.160.

[3] Voir Fanon, Frantz *Écrits sur l'aliénation et la liberté* textes réunis, introduits et présentés par Jean Khalfa et Robert Young, Éditions La découverte.

Y figurent en bonne place Jacques Stéphen Alexis : *L'Espace d'un cillement*, Gallimard, Paris 1959 (p.591) et Jacques Roumain : *Gouverneurs de la rosée*, Les Éditeurs réunis, Paris 1944 (p.624).

Mais il y a plus. Alexis avait conçu « L'Espace d'un cillement » comme le premier volume d'une tétralogie c'est-à-dire comme une œuvre en quatre (4) parties dont seulement le début a vu le jour[4]. La version inachevée du deuxième volume a été publiée sous le titre « L'étoile Absinthe ».

Pour comprendre le projet de tétralogie romanesque de Alexis[5] (τετρα, Tetra quatre et λογος, logos œuvre), il faut remonter très loin à l'Antiquité grecque. À l'occasion des Dionysies, fêtes organisées en hommage à Dyonisos, un concours littéraire était organisé. Un auteur pouvait y participer en présentant quatre œuvres. Cette tradition a été reprise par des auteurs modernes, par exemple, l'écrivain français Louis Aragon qui a lui aussi écrit quatre romans en forme tétralogique. Il a commencé avec « Les cloches de Bâle » pour continuer avec « Le Quartier des riches » et « Aurélien » et finir avec « Les voyageurs de l'Impériale ».

La compréhension adéquate de « L'Espace d'un cillement » devient dépendante de la réponse à la question à savoir si l'on voit l'œuvre dans un cadre tétralogique ou comme un roman isolé, autonome.

La liste est interminable de tous ceux-là qui ont connu Jacques Stéphen Alexis et qui ont laissé un témoignage impressionnant sur lui : Gérard Pierre-Charles, René Depestre, Max Chancy, Yves

[4] Florence Alexis, dans la préface de l'édition, Gallimard de *L'Espace d'un cillement* apporte des précisions basées sur la conception de cette tétralogie expliquée par Jacques Stéphen Alexis lui-même dans une lettre : « La vie du couple, dont le premier tome était *L'Espace d'un cillement*... (*L'Espace d'un cillement,* p. 24).

[5] La maison d'édition Zulma qui a publié la suite de « L'Espace d'un cillement » en 2017 sous le titre « L'étoile Absinthe » a cru nécessaire de la faire précéder de cette note liminaire : « Ce texte a été établi d'après le seul manuscrit original disponible, demeuré inachevé, dont la page initiale comporte une lacune de quelques mots.

Médard, Gérard Chenet, Raymond Jean-François, etc. Les uns ont été des camarades de lutte de jeunesse, d'autres ont partagé les combats de l'âge mûr.

Il y a une unanimité concordante entre eux à décrire la personnalité intellectuelle de l'homme. René Depestre écrit par exemple : « Hubiera querido conocerlo todo, haber leído y descifrado todo en todas las disciplinas del conocimiento. Una vez vi sobre su mesa de trabajo el manuscrito de *El Compadre General Sol*, que el acababa de comenzar, junto a una monografía sobre el algodón en el valle del Nilo, un estudio acerca del café brasileño, un tratado de ajedrez, unos ensayos sobre el mito del eternel retorno, sobre economía política, el teatro japones, el ballet de Bali, el arte en Cambodia, sin contar los poemas de Apollinaire, los escritos de Jaurés y los volumenes sobre neurologia, que era la rama de la Medicina en que él se especializaba en el hospital... No concebia que un ser humano terminase jamás de estudiar ni de apropiarse apasionadamente de las miles de nuevas direcciones del saber universal. Tenía un tipo de inteligencia enciclopedica y las dotes de un gran tribuno. »[6]

Michel Séonnet qui a, lui aussi, connu de très près Jacques Stéphen Alexis a écrit un livre remarquable sur lui, émaillé d'informations qui nous aident à comprendre les détails de la personnalité de l'intellectuel révolutionnaire.[7] La symbiose entre Jacques Roumain et Jacques Stéphen Alexis, l'identification du

[6] « Il aurait voulu tout connaître, avoir tout lu et déchiffré dans toutes les disciplines de la connaissance. Une fois, j'ai vu sur sa table de travail le manuscrit de *Compère Général Soleil* qu'il venait de commencer à côté d'une monographie sur le coton dans la vallée du Nil, une étude sur le café brésilien, un traité d'échecs, des essais sur le mythe de l'éternel retour, sur l'économie politique, le théâtre japonais, le ballet de Bali, l'art au Cambodge sans compter les poèmes d'Apollinaire, les écrits de Jaurès et les volumes sur la neurologie qui était le domaine de la Médecine dans lequel il se spécialisait à l'hôpital. Il ne concevait pas un être humain qui n'aurait jamais fini d'étudier ni de s'approprier avec passion la grande quantité des nouvelles orientations du savoir universel. Il avait un type d'intelligence encyclopédique et les talents d'un grand tribun ».

[7] Voir Séonnet Michel, *Jacques Stéphen Alexis ou le voyage vers la lune de la belle amour humaine,* Édition Pierres Hérétiques, Atelier de Création Populaire, Toulouse, 1983.

second au premier sont si profondes que la meilleure méthode pour faire parler Jacques Stéphen Alexis consiste à l'entendre parler de Jacques Roumain... « N'oubliez pas cela : Jacques, tous les deux, romanciers, tous les deux, leaders politiques communistes, tous les deux ; on pourrait croire à des jumeaux si l'un n'avait eu quinze années de plus que l'autre. En tout cas, soyons attentifs, car lorsque Alexis parle de Roumain, il n'est jamais si proche de parler de lui-même...

La formidable puissance de travail de Jacques Roumain est en action. Il compulse l'histoire haïtienne, l'histoire du monde, la philosophie, l'économie politique, les sciences exactes et les sciences de l'homme pour découvrir une conception générale du monde, de la vie et du réel social. L'artiste, le poète, concourent avec le patriote et l'homme de science pour trouver la lumière... »[8]

Raymond Jean-François apporte, lui, sa touche de militant. Il se souvient : « ... Ce que par-dessus tout, j'admirais en lui, c'est la profondeur de la pensée, la connaissance profonde de la vie, la bonté de l'homme d'action ». Et il ne manque pas de mettre l'accent sur le pouvoir de séduction, le charisme du « leader ». « Après chaque contact avec Jacques, j'avais un grand sentiment de plénitude, je me sentais meilleur. J'aimais davantage les hommes et j'étais mieux disposé à l'action. Tous ceux qui ont fréquenté Alexis à cette époque sont formels... l'ascendant d'Alexis sur ces jeunes militants était considérable. Beaucoup, d'ailleurs, étaient plus « Alexistes » que communistes, ou plutôt communistes à travers l'image que leur en donnait Alexis. »[9]

Le philosophe militant Max Chancy a bien connu Jacques Stéphen Alexis et a évolué avec lui dans les mêmes structures organisationnelles. Ce qui importe pour lui, c'est avant tout de

[8] *Ibid,* p.16.
[9] *Ibid,* p. 144.

porter un jugement politique sur le dirigeant révolutionnaire qui a accompli son devoir :

« … chez Jacques Stéphen Alexis, le projet central, c'est son projet politique, ses efforts pour comprendre et analyser la société haïtienne dans son mouvement et son histoire, et ainsi organiser la lutte révolutionnaire pour transformer cette société.

Ce projet central éclaire tous les moments de la vie d'Alexis, écrivain, artiste, militant. Ces moments clés constituent des étapes signifiantes dans ses activités militantes. Avant 1946, Jacques Stéphen Alexis, membre d'un club de jeunes, membre de la rédaction de la revue *La Ruche*, est un organisateur et un animateur… 1946, il participe en première ligne à la grève des étudiants et se bat pour faire avancer la lutte démocratique à la chute du gouvernement de Élie Lescot. Étudiant en Europe, il consacre son temps à ses études de médecine, à la création littéraire et à sa formation politique. Ses voyages, particulièrement en pays socialistes, poursuivent avant tout un objectif politique. Il retourne en Haïti et participe à la bataille électorale de 1956-1957 et décide d'y rester malgré les pressions et les menaces. Enfin, Jacques Stéphen Alexis est avant tout un militant, un des fondateurs d'une organisation marxiste clandestine, le Parti d'Entente Populaire (PEP).

Malgré les dangers qui le menacent après la montée au pouvoir de François Duvalier, il refuse la solution de l'exil. Après avoir quitté Haïti incognito, il tente d'y rentrer clandestinement en 1961 pour continuer la lutte dans les rangs de son parti. C'est son dernier combat. Arrêté par les tontons macoutes, il sera assassiné au Fort-Dimanche. »[10]

Mais l'homme qui a joué le rôle de gardien de la mémoire de Jacques Stéphen Alexis, de sa présence, qui a permis qu'une bonne partie de ses textes soit arrivée aujourd'hui jusqu'à nous et aux

[10] Chancy, Max, Alexis Politique. In : *Anthologie de textes philosophiques haïtiens*, sous la direction de Yves Dorestal, C3 Éditions, Port-au-Prince, juin 2017, p. 67-68.

nouvelles générations, qui a sonné les cloches de l'actualité de la pensée du descendant du héros national Jean-Jacques Dessalines, l'éditeur de « Présence de Jacques Stéphen Alexis », c'est Gérard Pierre-Charles, continuateur de son combat qui nous le rappelle : « Faire connaître l'œuvre d'Alexis dans sa richesse insoupçonnée est un devoir qui échoit à notre institution qui se veut être un creuset et un reflet de la pensée et de la création scientifique et culturelle haïtienne. Cette œuvre est celle d'un homme doté d'une intelligence exceptionnelle, d'une sensibilité féconde, d'une solide formation marxiste, d'un humanisme sans rivage ; un être polyfacétique : médecin, écrivain, critique d'art, théoricien politique, militant de toute sa vie ».

Cette œuvre témoigne de la richesse combien prometteuse de l'intellectualité haïtienne des années 50, juste avant que le duvaliérisme ait commencé à enfouir tant d'êtres et de valeurs, tout un potentiel créateur, sous les sables de l'ignorance, de la peur, de la corruption.

La « Lettre adressée à François Duvalier » illustre la virilité d'un homme qui osait dresser le front quand tant d'hommes baissaient la tête. Elle exprime le non sonore et la disposition de lutte de toute une catégorie d'Haïtiens, durant ces premières années terribles où se dressèrent, contre l'arbitraire, des intellectuels intègres tels que Antoine Rigal, Georges Petit, Antonio Vieux, Clerveaux Rateau ; et aussi le sens de l'honneur et de la dignité militante (sans baise-main ni dialogue équivoque) dans lequel a été éduquée toute une génération de disciples que Jacques Soleil sema aux quatre (4) vents de la lutte dans les rues de nos villes, les montagnes de Cazale et les bancs des écoles, durant cette étape 1958-1961, féconde, par excellence, d'une vie militante, qui culmina dans le don de soi.

« … Jacques portait aussi en lui la verticalité, la créativité, le merveilleux de notre peuple. Son œuvre romanesque est un monument à la culture haïtienne. Disciple de Jacques Roumain, il a su se montrer digne d'un tel héritage, dans tous les domaines, en embrassant des horizons encore plus vastes du vécu et de l'imaginaire national, en explorant encore plus profondément l'univers social et politique de notre communauté. »[11]

Le message de Jacques Stéphen Alexis, transmis à travers ses romans, n'est pas seulement accessible à son peuple, dans la langue dans laquelle il a écrit lui-même, mais à d'autres, dans d'autres langues.

En 1959, avec une traduction basée sur l'édition française de 1955 de la librairie Gallimard, une maison d'édition allemande, la « Philip Reclam » de Leipzig de la République Démocratique allemande publia le premier roman de Jacques Stéphen Alexis *Compère Général Soleil.* Elle eut l'heureuse idée de demander à l'un de ses camarades de jeunesse qui étudiait en Allemagne d'écrire une postface en allemand pour expliquer au public du pays de Karl Marx l'histoire de la lutte du peuple haïtien et le combat de Alexis dans le moment de cette histoire. Il s'agissait de Gérard Chenet qui avait participé comme ce dernier au mouvement démocratique de 1946 et qui, en prison sous les ordres du colonel Paul Magloire, membre de la junte militaire, occupait une cellule voisine de celle de Alexis. Voici ce qu'il racontait entre autres au public allemand dont il se souvenait de Jacques Stéphen Alexis derrière les barreaux, dans la conjoncture particulière de 1946.

« ... Durch die vergitterte suke die unsere benachbarten unterirdischen varliese im gefängnis von Port-au-Prince verband spracer zu mir von vou seimem glauben an die solidarität der kolonialen Völker, seinem glauben an eine glückliche Zukumft. Er sproch zumur vom Sieg der Naturwissenschaften vom der

[11] Pierre-Charles, Gérard, *Présence de Jacques Stéphen Alexis,* Introduction, Publication CRESFED, Port-au-Prince, p. 11-12. Publication du Centre de recherche et formation économique et sociale pour le développement.

Kernsfaltung und von der Anhäufung der radioaktiven Isotope im Atomrealetor, Wobet er Wie sets sehr weit ausholte, ein Zeichen seines groBen Wissen. »[12]

Jacques Stéphen Alexis intègre dans sa personnalité intellectuelle et politique plusieurs registres et c'est pourquoi, à l'extérieur de son pays, il a toujours été stimulant de le traduire dans d'autres langues et de le fusionner avec d'autres cultures.

Il est l'expression d'une culture universelle mondiale. Quand son roman « Romancero aux étoiles » a été traduit en espagnol, le traducteur n'a pas manqué de le souligner : « El estilo elegido la fábula, el cuento y el romance le permite incorporar los elementos culturales y lingüisticos de la tradíción afro-haitiana conservados y transmitidos de generación por la literatura oral. Ademas, le permite integrar en el texto discursivo culturas de origenes tan diversos como las americanas, las africanas, las europeas y las asiaticas ».[13]

Le mot est suggéré. Il faut s'y attarder. Jacques Stéphen Alexis était profondément internationaliste. Il faut se garder de tracer de fausses lignes de démarcation. Le marxisme est internationaliste. Le « manifeste communiste » de Marx et de Engels termine avec cette phrase qui est devenue le mot d'ordre de combat de la Première Internationale (1868) : « Prolétaires de tous les pays, unissez-vous. »

---

[12] « ... À travers la petite fenêtre vitrée qui unissait nos cachots souterrains voisins dans la prison de Port-au-Prince, il me parla de sa foi dans la solidarité des peuples coloniaux, de sa foi dans un avenir heureux. Il m'entretint des Sciences de la Nature, de la fission nucléaire des isotopes radioactifs dans le réacteur atomique. Il alla chercher très loin ce qui était une preuve de ses grandes connaissances extraordinaires ». Gérard Chenet, préface à la traduction allemande de « Compère Général Soleil » de Jacques Stéphen Alexis, Leipzig, février 1959, République démocratique allemande. (Traduction de Yves Dorestal)

[13] Alexis, Jacques Stephen « Romancero de Estrellas » Traducido por Mariano Muñoz Hurtado de Mendoza Universidad de Bretana Occidental, 2013, p. 29.

« Le style choisi, le récit, le conte, la ballade — lui permet d'incorporer des nuances qu'il serait beaucoup plus difficile de refléter d'une autre manière : les éléments culturels et linguistiques de la tradition afro-haïtienne conservés et transmis de génération en génération par la littérature orale. De plus, il lui permet d'intégrer dans le texte discursif, des cultures d'origines si différentes comme les américaines, les africaines, les européennes et les asiatiques. »

Romancero aux étoiles, Jacques Stéphen Alexis, traduit par Mariano Muñoz de Mendoza, Université de Bretagne occidentale, 2013, p. 9. Traduction de Yves Dorestal.

La Troisième Internationale de Lénine (1919) va élargir le champ d'action de la lutte. Les deux textes de Lénine « L'impérialisme stade suprême du capitalisme » et le texte complémentaire « Cahiers sur l'impérialisme » où apparaît parmi les noms d'autres pays le nom d'Haïti ont constitué les bases théoriques de la stratégie politique de la Troisième Internationale. C'est pourquoi le marxisme haïtien depuis Roumain et Alexis ne s'est pas compris comme un marxisme national en opposition radicale à d'autres marxismes nationaux, mais comme un autre détachement d'une même armée.

Chez Alexis, la référence permanente, le leitmotiv, c'est l'unité, le rassemblement, la lutte unifiée des peuples. Dans « L'Espace d'un cillement », la vision de « la grande Fédération Caraïbe » est affirmée avec force comme le but stratégique final. « On ne peut reprocher à un homme d'avoir son village, son clocher, pas vrai ? ... Il sait cependant qu'un jour naitra la grande Fédération Caraïbe ».[14]

« El Caucho », le syndicaliste comme Manuel dans « Gouverneurs de la rosée », Alexis le décrit comme « un homme total, digne fils du peuple cubain et de la Caraïbe fraternelle ».[15]

L'internationalisme de Jacques Stéphen Alexis, c'est également montrer comment les peuples luttent ensemble, le rappel de leur combat commun contre l'oppression et l'exploitation. L'année de la publication de « L'espace d'un cillement », 1959, est l'année de la victoire de la révolution cubaine. Le roman évoque à travers la trame littéraire les liens historiques existant entre le peuple cubain et le peuple haïtien et salue la tradition internationaliste de ce dernier.

« Cuba et Haïti, la Fleur et la Perle des Antilles... Du temps de José Martí et de Maceo, c'est ici que des milliers de gars de chez lui venaient reprendre souffle, panser leurs plaies en attendant les nouvelles flambées de la grande bataille libératrice de Cuba.

---

[14] Alexis, Jacques Stéphen, *L'espace d'un cillement*, p. 130.
[15] *Ibid.* p.129

L'Amérique latine, le panaméricanisme, la liberté et l'égalité ont fait leurs premières armes sur cette terre haïtienne avant d'essaimer ensuite du Nord au Sud. Vingt (20) républiques sœurs sont nées. Ces nègres haïtiens quand même! Quels enragés! Ils ont trouvé le moyen d'aller se battre à Savannah pour l'indépendance nord-américaine, pour les «blancs méricains», pour des Yankees!... Depuis cent cinquante ans et plus, par milliers, les gens de ce pays partent en découdre sur tous les champs de bataille de l'Amérique latine. Ils ont été se battre jusqu'à Missolonghi, en Grèce!... Sur ce coin de rivage, là où lui, El Caucho pose maintenant le pied, le général mexicain Mina, Miranda ou Bolivar ont peut-être posé le leur en se promenant... Il marche sur leurs traces que l'alizé a effacées sur le sable... Les gens d'ici sont proches de lui. Des gens chauds avec des yeux qui ont le sens des couleurs, un cœur musicien, une tête qui vit de rythmes, des sens qui s'épanouissent dans l'amour, un corps qui tout entier, sans cesse, s'ébranle à la danse... Les problèmes ici et là sont analogues, les mœurs presque superposables, les élans aussi fougueux. Autour d'Oriente, les dizaines de milliers de travailleurs haïtiens qui y ont fait souche ont apporté quelque chose à la musique cubaine... Oui, il est ici chez lui, il a même quelques gouttes du sang de cette terre dans les veines... »

Deuxième chapitre

La dimension philosophique de la pensée de Jacques Stéphen Alexis

La question Hegel

On a l'habitude de répéter les erreurs de jugement au lieu de les corriger. On répète par exemple, à propos de Jacques Stephen Alexis, la même erreur commise à propos de Anténor Firmin et de Jacques Roumain. À propos du premier, on ne voit que le politique de « Les lettres de Saint-Thomas » et la perception ignore le philosophe de « De l'égalité des races humaines ».

Ainsi, on ne se rend pas compte que non seulement il existe un lien organique entre les deux, mais encore, que Firmin n'aurait pas pu être l'éminent politique qu'il a été s'il n'avait pas eu également le profil du philosophe de « De l'égalité des races humaines ».

Il en est de même de Roumain. Quand on fait l'éloge des « Gouverneurs de la rosée » ou de « La montagne ensorcelée », on ne prête pas attention au fait que Roumain n'y traite pas que des thèmes traditionnellement littéraires, mais stimule à des réflexions philosophiques élevées et de plus qu'il a été un théoricien à part entière qui, en tant qu'anthropologue qui a introduit le marxisme dans le pays de Dessalines, a profondément changé et enrichi la pensée haïtienne.

On peut tenir les mêmes propos en ce qui concerne Jacques Stéphen Alexis. De brillantes études académiques lui ont été consacrées dans le monde, à l'Université, on a discuté en long et en large du réalisme merveilleux : on a établi une comparaison, un rapprochement avec Gabriel García Márquez, Miguel Ángel Asturias, Pedro Paramo. Jacques Stéphen Alexis était un réaliste merveilleux. Mais tout réaliste merveilleux n'est pas Jacques Stéphen Alexis. Ici, je mets le doigt sur le point nodal différentiel qui caractérise la pensée et l'action de Jacques Stéphen Alexis. Il est question dans ce lieu de son identité et du rôle qu'y joue la philosophie c'est-à-dire la philosophie de Marx, de Engels, de Lénine, etc.

Je dois également mettre l'accent non seulement sur le fait que la référence ne s'oriente pas vers la philosophie en général, vers une quelconque philosophie, mais avant tout vers une autre pratique de la philosophie comme combat à l'intérieur de la lutte théorique suivant la distinction existante depuis Marx et Engels des trois formes de la lutte de classe : la lutte de classe théorique et idéologique, la lutte de classe économique et la lutte de classe politique.

Quand après la publication du livre de Proudhon « Philosophie de la Misère », Marx a constaté que les esprits étaient surchauffés et embrouillés, il est entré dans la bataille en contre-attaquant avec son livre « Misère de la philosophie ».

Friedrich Engels, en accord avec Marx s'est lancé dans la bataille idéologique quand il est devenu conscient des effets pernicieux des conceptions du professeur Eugen Dühring dans le mouvement ouvrier allemand, avec son ouvrage polémique (il s'appelle en allemand, le renversement de la science Eugen Dühring *Umwölzung der Wissenschaft*) « Anti-Dühring ».

À son tour, Lénine, après l'échec du soulèvement de 1905, en Russie, décide de calmer le jeu en éclairant les esprits désorientés par la querelle philosophique de l'empiriocriticisme et va monter au créneau avec son intervention théorique dans la lutte, le livre « Matérialisme et Empiriocritisme ». À chaque fois, ce sont les nécessités objectives de la conjoncture politique et idéologique qui déterminent les thèmes, les méthodes et les objectifs de l'affrontement. Un thème récurrent dans la lutte idéologique a été la question Hegel sur le plan international. En Allemagne, elle a été au cœur des débats au début de la constitution du mouvement ouvrier socialiste. Dans des livres comme « L'Idéologie allemande » ou « La Sainte Famille » ou « Critique de la critique critique », Marx et Engels lui ont consacré beaucoup d'attention afin de réfuter les arguments subtils des hégéliens de droite et de gauche.

Les deux dirigeants les plus importants du mouvement marxiste haïtien naissant, Jacques Roumain et Jacques Stéphen Alexis, ont livré deux batailles exemplaires historiques dans la lutte théorique du marxisme en Haïti. L'histoire du marxisme en Haïti n'est pas encore écrite en particulier, l'histoire du marxisme en Amérique Latine, en Amérique Centrale et dans la Caraïbe non plus, en général.

Il faut rendre justice à Jacques Stéphen Alexis en soulignant ce trait fondamental de son combat. On peut ranger les interprètes de sa pensée et de son action en deux catégories : ceux/celles qui ignorent l'existence et l'importance de ses interventions philosophiques et ceux/celles qui les reconnaissent sans en tirer les conséquences. Ici, Jacques Stéphen Alexis continue Jacques Roumain et la défense critique du philosophe de Iéna est l'héritage de ce dernier qu'il assume avec bravoure.

Hegel ? L'absence d'une longue tradition philosophique et plus particulièrement l'interférence de la tradition philosophique française expliquent pourquoi Hegel est inconnu en Haïti, mais Haïti n'était pas inconnue de Hegel.[16]

[16] Le philosophe français Louis Althusser a plusieurs fois dans ses textes abordé le cas du traitement

Dans son ouvrage, « L'encyclopédie des sciences philosophiques » (*Enzyklopädie der philosophischen Wissenschaften*) qui présente toutes les parties du système (l'esprit subjectif, l'esprit objectif et l'esprit absolu), il aborde dans la première partie, trois disciplines qui sont traitées : l'anthropologie, la phénoménologie de l'esprit et la psychologie — c'est dans la première partie de cette première partie que Hegel dans un « Zusatz » (supplément) réserve une longue Note où il parle des races et consacre une réflexion intéressante à Haïti qui s'énonce comme suit : « Die Fähigkeit zur Bildung ist ihnen nicht abzusprechen : sie haben nicht nur hier und da das Christentum mit gröpsten Dankbarkeit angenornmen und mit Rührung von ihrer dureh dasselbe mach langer geistesknecht chaft erlongten Freiheit gesprochen sondern auch in Haiti einen staat mit christlichen Prinzupien Gebildet ». (Souligné par moi, Y.D.)[17]

de Hegel par la tradition universitaire française. Dans son livre : « Lénine et la philosophie », voici ce qu'il dit à propos de Hegel... Après tout, cette philosophie universitaire française, depuis cent cinquante ans profondément religieuse, spiritualiste et réactionnaire, puis dans le meilleur des cas conservatrice, puis sur le tard libérale et « personnaliste », cette philosophie qui a magnifiquement ignoré Hegel, Marx et Freud, cette philosophie universitaire qui ne s'est mise sérieusement à lire Kant, puis Hegel et Husserl, à découvrir l'existence de Frege et Russel, que depuis quelques dizaines d'années, ou parfois moins, pourquoi se serait-elle intéressée à ce bolchévique, à ce révolutionnaire, à ce politique qu'est Lénine ? » Louis Althusser, *Lénine*, petite collection. Maspero 99, Librairie François Maspéro, 1972, Paris, p.12.

[17] P.60. « On ne peut pas ne pas leur reconnaître la capacité d'acquérir la culture : ils ont non seulement reçu çà et là le christianisme avec la plus grande reconnaissance et avec émotion à travers lui, après un long esclavage spirituel (Hegel se réfère ici d'abord aux nègres (Neger) en général avant de considérer les nègres haïtiens en particulier, Yves Dorestal), mais également en Haïti ils ont créé un État d'après les principes chrétiens (souligné par moi, Y.D.).

Le marxisme haïtien de Jacques Roumain, de Jacques Stéphen Alexis et Hegel

Il faut commencer par le commencement c'est-à-dire par Jacques Roumain. Bien que Firmin, avant lui, dans « De l'égalité des races humaines » ait cité Hegel et même Kant, c'est lui qui a eu le mérite d'avoir introduit Hegel dans le champ théorique haïtien dans un contexte très particulier. Il s'agit de la conjoncture théorique et idéologique de 1942. Roumain est à cette époque le premier « Directeur du bureau d'Ethnologie de la République d'Haïti » et en même temps Professeur à l'Institut d'Ethnologie du pays. Nous sommes au cœur du débat sur les superstitions où s'affrontent deux positions antagoniques : celle de l'Église catholique pour laquelle le vaudou est une « superstition » c'est-à-dire qui n'est pas une religion à part entière, et celle de Roumain qui y intervient comme anthropologue, comme marxiste, comme anthropologue marxiste opposé à l'un des intellectuels les plus brillants de la religion catholique d'Haïti, le prêtre français Jean Foisset. Les moyens de la controverse sont inégaux : Roumain fit trois (3) interventions dans *Le Nouvelliste* tandis que le père Foisset, mettant à profit le fait que le journal « La Phalange » était la propriété de l'Église catholique, put y publier trente-sept (37) articles. Il faudrait qu'un jour on puisse publier sur un seul sujet et en ordre, les trois articles de Roumain et les trente-sept (37) articles du père Foisset. C'est important. Le coordinateur des œuvres complètes de Jacques Roumain qui les appelle une édition critique y a publié un texte de André-Marcel d'Ans (Léon François Hoffmann) où ce dernier questionne le sérieux scientifique de l'auteur des « Gouverneurs de la rosée » dans des jugements qu'il émet à propos de ses publications. Voici, par exemple, ce qu'il écrit à propos de « l'Ethnobotanique des Grandes Antilles » : « En dépit de la fine intelligence qu'y démontre, ici comme en toutes choses, Jacques Roumain, *sa contribution à l'étude de l'ethnobotanique précolombienne des Grandes Antilles* est une œuvre *qui révèle crûment l'amateurisme de son auteur* (Souligné par moi, Y.D.). Le plan tout d'abord rend manifeste l'hésitation non résolue entre deux projets : une ethnobotanique proprement dite, et une ethnohistoire portant sur les Taïnos, indigènes peuplant l'île d'Hispaniola au moment de l'arrivée des Espagnols ».

Même si elle témoigne d'un bel effort de documentation dans un domaine parfaitement étranger à l'auteur, l'identification des plantes par ordre, famille et espèce selon leur nom latin, n'apparaît guère au bout du compte que comme une sorte de conception, purement ornementale, à l'érudition botaniste.[18]

Ce jugement surprend puisque Alfred Métraux, anthropologue connu mondialement qui a travaillé en Haïti avec son ami, un autre anthropologue français ami de Sartre et de Simone de Beauvoir, Michel Leiris, nous a laissé une autre impression de Jacques Roumain :

« Jacques Roumain n'a pas eu le temps de nous laisser l'œuvre que nous attendions de lui. Il a pu néanmoins publier deux travaux

[18] d'Ans, André-Marcel, Jacques Roumain et la fascination de l'ethnologie. In : *Jacques Roumain, œuvres complètes*, édition critique Léon-Hoffmann, Collection Archivos, Paris, première édition 2003 p. 1396.

d'ethnographie qui sont des contributions importantes à notre science et parmi les meilleures écrites en Haïti.»

Tout ethnographe qui a eu à démêler les chroniques espagnoles en quête d'informations sur l'économie primitive des populations indiennes saura un gré infini à Jacques Roumain pour avoir courageusement abordé le problème de l'identification des plantes utilisées par les anciens Tainos. Sa « Contribution à l'étude de l'ethnobotanique précolombienne des Grandes Antilles ». (Bulletin du Bureau d'ethnologie de la République d'Haïti, n° 1, février 1942, 712 p.) restera un vadémécum pour tous ceux qui s'occuperont du passé des Antilles. Chaque plante mentionnée par les anciens chroniqueurs est identifiée par Ordre, Famille et Espèce. Des textes réunis avec beaucoup d'érudition permettent de contrôler ses déterminations. Il nous donne aussi l'usage de ces végétaux et quelques hypothèses sur leur distribution.

Le chapitre sur la *cojoba* (souligné dans le texte) tranche à mon sens, de façon définitive, le débat sur la question du fameux narcotique utilisé par les anciens Tainos. Sans aucun doute comme Jacques Roumain l'a prouvé, il s'agit d'un *piptodermia* et non du tabac. Faut-il ajouter que ce répertoire est présenté avec clarté et écrit dans une langue précise et sobre ?

« Le sacrifice du tambour assôtor » (Publication du bureau d'ethnologie de la République d'Haïti n° 2, Port-au-Prince 1943) est l'œuvre d'ethnographie la plus importante que nous ait laissée Jacques Roumain. Elle restera comme un document de valeur permanente. Les années ne feront qu'ajouter à son importance. Pour la première fois, nous avons un rite sacrificiel de la religion populaire haïtienne décrit avec un luxe de détails et une clarté qui en font un modèle de monographie ethnographique. Avec quel art et quelle maitrise de son sujet n'a-t-il pas réalisé les conseils de notre vieux maitre, le professeur Marcel Mauss ?...Quiconque lit cette monographie avec soin possède la clef pour démêler la riche complexité des cérémonies de cette religion populaire haïtienne».[19]

On ne peut pas ne pas noter les convergences qui se laissent voir entre Roumain et Métraux quant à l'appréciation du statut de la jeune science ethnologique haïtienne, particulièrement de l'ethnologie religieuse et comment elle doit définir son objet, structurer ses méthodes et appareiller ses ressources théoriques pour maintenir et renforcer ses bases scientifiques et vaincre ses faiblesses congénitales. C'est dans ce sens que Alexis conçoit la continuation du travail scientifique de Roumain.[20]

Dans son texte : «Le marxisme, seul guide possible de la révolution haïtienne», il met l'accent sur ce point à développer : «Sur le plan de ce que l'on appelle, actuellement l'Ethnologie haïtienne, notre pensée va à notre immortel Jacques Roumain, le premier marxiste haïtien. *Les recherches de Jacques Roumain* devraient être reprises, que ce soit sur la culture matérielle des Ciboneys d'Haïti, que ce soit sur l'ethnologie ancienne des Taïnos d'Haïti, que ce soit sur l'ethno-botanique des Grandes Antilles. D'un autre côté, sans qu'il soit question de renoncer à la véritable solidarité de combat avec nos frères d'Afrique et tous les peuples de couleur jaune, rouge ou noire, il est grand temps que nos ethnologues en finissent avec le négrisme mystérieux et primaire, contraire à l'esprit de Jacques Roumain et à l'esprit scientifique en général. En effet, ce négrisme empêche nos spécialistes d'étudier l'homme haïtien dans toute sa complexité de produit historiquement formé par divers peuplements, par trois grandes civilisations et diverses cultures». (Souligné par moi, Y.D.)[21]

Il est impossible d'entrer dans les détails de cette longue controverse qui s'est étalée sur des mois. Quand on caractérise la position du père Foisset, on reconnaît qu'elle a été invariable dans

19 Métraux, Alfred, Jacques Roumain archéologue et ethnographe. In Jacques Roumain, œuvres complètes, p.1663-1634.

[20] Alexis, Jacques Stéphen, *Présence de Jacques Stéphen Alexis,* p. 122, publication CRESFED.

[21] Alexis, Jacques Stéphen, *Le marxisme, seul guide possible de la révolution haïtienne,* p. 122.

ses grandes lignes. Il s'en prend à Hegel, ensuite à son utilisation par Roumain qui le conduit à Engels et le tout n'est pas de nature à rétablir la clarté et la lumière. On en a un exemple avec cette vigoureuse attaque dans son article du samedi 18 avril 1942.

« L'envie ne me manquerait point, je l'avoue, de m'arrêter un instant pour contempler le fleuve imposant, cette « éternelle et infinie circulation sanguine de l'Histoire universelle, ce perpétuel mouvement des choses à travers leurs contradictions dont M. Jacques Roumain parle avec admiration. Ignoré par les scolastiques, ce fleuve *fut redécouvert par l'illustre Hegel* (souligné par moi, Y.D.) *qui arriva à le transformer* « en un lac » déclare M. Roumain. En attendant que le temps de revenir *sur les travaux herculéens d'Hegel* (Souligné par moi, Y.D.). Je conteste bien humblement et j'en demande pardon à M. Jacques Roumain, *épris d'hégélianisme* de n'y voir, à côté de vues ingénieuses et profondes, que la plus intempérante débauche d'idéologie et le triomphe de la sophistique! Je devrais saluer, ne serait-ce qu'en passant à la célèbre « philosophie scientifique » du marxisme caractérisé surtout, à mon humble avis, par l'absence de la philosophie et la carence presque continuelle de l'esprit scientifique. Mais la place fait défaut. Il faut rencontrer encore une fois, M. Jacques Roumain, là où il m'attend de pied ferme, sur le terrain de l'histoire religieuse. Qu'il me permette de respirer un instant et j'y arrive[22] ! »

Le père Foisset était prolixe. Le mardi 21 avril 1942, il revenait à la charge : « M. Jacques Roumain veut bien convenir qu'il est partisan de l'évolutionnisme et il précise qu'il s'agit de l'évolutionnisme hégélien. »[23]

Le mardi 28 avril 1942, Hegel, Engels sont encore sur la sellette. Il écrit « Et aussitôt après cette déclaration, mon adversaire, fidèle à la méthode périmée d'un évolutionnisme massif, progressif

[22] Foisset, Jean, *La Phalange,* samedi 18 avril 1942 (p.2). En marge d'une étude sur les superstitions.
[23] *Ibid, La Phalange,* lundi 21 avril 1941.

et ascendant, se plaît à nous offrir un remarquable échantillon de ce qu'il nomme « suivre le cheminement terrestre » d'une idée humaine[24] et plus loin : « En transcrivant l'affabulation de ce roman, conçu à la manière hégélienne, mais presque à tort par son auteur, qui manque évidemment d'information, sous l'étiquette syncrétiste, je ne puis pas ne pas écouter des voix lointaines en contradiction formelle avec ses données ahurissantes. »[25]

Et en dernier lieu, l'estocade finale assénée, à sa dernière intervention du jeudi 18 juin 1942, n'est rien d'autre qu'une rumination des mêmes arguments avancés dès le début : « Et comment ne point être frappé par le caractère archaïque de la pensée de mon adversaire? S'agit-il d'ethnologie religieuse, de l'origine et de l'évolution de la religion? M. Jacques Roumain avec Engels, le fondateur du collectivisme allemand, en est encore aux explications fournies par « les naïfs collectionneurs de mythes ». Et désespérément, il s'accroche à un évolutionnisme archaïque et massif, condamné par les spécialistes les plus qualifiés des deux Mondes…

Nourrie de la dialectique hégélienne et de la dialectique de Karl Marx, la métaphysique de M. Roumain ignore la profonde sérénité de la pensée d'un Pierre Ternier, éminent géologue et chrétien convaincu.

M. Jacques Roumain, en effet, entre la dialectique hégélienne et la dialectique marxiste, ne voit point d'opposition fondamentale : il regarde la seconde comme l'évolution naturelle, l'achèvement de la première. Assimilation insuffisante de doctrines nuageuses? Tentative utopique de concilier les choses inconciliables? »[26]

Dans sa défense, Jacques Roumain signala que le problème n'était pas seulement une simple question d'ethnologie religieuse

---

[24] *Ibid*, p.1, *La Phalange*, 28 avril 1942. En marge d'une étude sur les superstitions.
[25] *Ibid*, *La Phalange*, 28 avril 1942.
[26] *Ibid*, *La Phalange*, jeudi 18 juin 1942.

théorique, mais aussi une question de stratégie politique pratique.[27] Il faut passer ici de Hegel à Feuerbach et à Marx avec Jacques Stéphen Alexis.

[27] Roumain écrivit : « ... ce qu'il faut mener en Haïti, ce n'est pas une campagne anti-superstitieuse, mais une campagne anti-misère. Avec l'école, l'hygiène, un standard de vie plus élevé, le paysan aura accès à cette vie décente, qu'on ne peut lui refuser, si on ne veut pas que ce pays tout en entier périsse, et qui lui permettront de surmonter des survivances religieuses enracinées dans sa misère, son ignorance, son exploitation séculaires ». *Anthologie de textes philosophiques haïtiens* sous la direction de Yves Dorestal, C3 Éditions, juin 2017. p. 40.

Alexis et Hegel

La controverse de Roumain avec le père Foisset sur le problème du statut du vaudou : superstition ou religion ? a débouché sur une impasse et montre en filigrane l'importance de la question Hegel dans le débat théorique haïtien. Jacques Stéphen Alexis va se mettre à la tâche prioritaire dans sa bataille idéologique !

« ... Montrer aux révolutionnaires haïtiens comment *Hegel est un classique qu'il faut étudier soigneusement afin de s'assimiler le marxisme qui contient maintes déterminations de l'hégélianisme dont il provient...* ».[28]

C'est un point extrêmement important pour Jacques Stéphen Alexis qui dans le même texte y revient pour détacher son caractère décisif :

« ... Hegel, dont l'œuvre contient, nous dit Engels, « des trésors innombrables qui conservent aujourd'hui encore toute leur valeur » (In : *Ludwig Feuerbach et la fin de la philosophie classique allemande*). En effet, en dépit du caractère idéaliste de son noyau, de son contenu en général, la méthode dialectique, forme écorce de l'hégélianisme, a souvent retenti de façon concrète et positive sur maints de ses développements ; en conséquence, il est non seulement utile, mais indispensable *que les révolutionnaires prolétariens étudient l'œuvre de*

[28] Alexis, Jacques Stéphen, p.70.

Hegel pour s'assimiler parfaitement le marxisme[29]. (Souligné par moi, Y.D.)

Il faut bien comprendre l'ordre logique. Les trois formes de la lutte de classe sont liées organiquement entre elles. La victoire dans l'une d'elles est condamnée à l'échec si elle ne peut pas s'appuyer sur la lutte théorique et idéologique de manière adéquate. C'est pourquoi la plus performante éducation théorique est une condition sine qua non du progrès. La question Hegel est un élément cardinal comme point constituant, dans le marxisme comme doctrine constituée qui doit se développer de manière permanente avec l'évolution ininterrompue de la pratique. C'est ce qu'il ne manque pas à chaque fois de rappeler : « … Or le marxisme a été jusqu'ici plus un cheval de parade qu'un cheval de bataille pour les petits bourgeois haïtiens qui ne s'inquiétaient de comprendre ni Hegel ni les principes fondamentaux du marxisme, ni même le réel concret de leur pays. »[30]

Il faut tracer une ligne de démarcation entre plusieurs manières et plusieurs méthodes d'étudier Hegel. Après et par Kojève, certains en sont sortis comme ils y étaient entrés sans un projet théorique et politique. C'est le destin des philosophes après la Deuxième Guerre mondiale, sans un projet théorique et politique précis. Le premier Sartre de *L'Être et le Néant* va remplacer sa première interprétation de Hegel à partir du tournant de la *Critique de la Raison dialectique*, par un hégélianisme marxisant, comme tant d'autres Merleau-Ponty, Jean Hyppolite, Simone de Beauvoir, etc.

D'autres viendront après, les disciples des néopositivistes tels Popper, Neurath continuant les tirades antidialectiques de Schopenhauer, pour identifier les nouveautés du philosophe de Iéna avec un galimatias théorique insupportable et inacceptable.

Enfin apparaît Louis Althusser qui formula à propos de Hegel et de Marx, à propos du rapport de Marx à Hegel un ensemble de

[29] Voir le texte Jacques Stéphen Alexis, *Le marxisme seul guide possible de la révolution haïtienne.*
[30] *Ibidem*, p. 70.

remarques et de questions pertinentes, mais nous laissa sur notre faim théorique quant aux réponses dans des textes qui n'ont pas fini d'alimenter les débats des marxistes comme « Marx et Lénine devant Hegel », « Sur le rapport de Marx à Hegel ».[31]

Peut-on avancer dans la clarification et la solution d'un problème aussi complexe que le rapport de Marx à Hegel quand nous sommes confrontés avec des positions aussi obscurcissantes que celles de l'auteur de « Lire le Capital » comme celle-ci ?

« Cela veut dire, si on prend ces termes au sérieux que, dans Hegel, l'Histoire est pensée comme un procès d'aliénation *sans sujet* ou un procès dialectique *sans sujet.* Téléologie. Qu'on veuille bien considérer un seul instant que toute la téléologie hégélienne est contenue dans des expressions que je viens d'énoncer, dans les catégories *d'aliénation,* ou dans ce qui constitue la structure maitresse de la catégorie de la dialectique (négation de la négation) et qu'on accepte de faire, si possible, abstraction de ce qui, dans les expressions représente la théologie. Reste alors la formule : l'Histoire est *un procès sans sujet.* Je crois pouvoir affirmer : cette catégorie de *procès sans sujet,* qu'il faut certes *arracher* à la téléologie hégélienne, représente sans doute la plus haute dette théorique qui relie Marx à Hegel.[32]

N'est-ce pas se tromper de voie de sortie que de penser que ce concept problématique de « procès sans sujet » serait ce que le marxisme a emprunté à Hegel ?

Louis Althusser a dû payer un prix très élevé pour sa radicalisation de la « coupure épistémologique », ce concept bachelardien dont il s'est servi pour expliquer non seulement les rapports de Marx avec Hegel et Feuerbach et toute la philosophie classique allemande (Schelling, Fichte, etc.) avant lui, mais les

---

[31] Althusser, Louis. In : *Lénine et la philosophie suivi de Marx et Lénine devant,* François Maspéro, Paris, 1972.

[32] Alexis, Jacques Stéphen, *Le marxisme seul guide possible de la révolution haïtienne*, p. 68.

rapports de Marx avec Marx. L'interprétation althussérienne va tellement loin qu'elle implique qu'avant la coupure de 1845 (Le Manifeste communiste) Marx n'était pas encore Marx et même après la coupure (le premier tome du *Capital* de 1868) il y a des énoncés de Marx qui ne sont pas de Marx. C'est pourquoi l'un des projets de l'auteur de « Pour Marx » était de réécrire certains passages du « Capital » pour les purger de ce qui était de Marx qui n'était pas de Marx. Si l'on veut se convaincre qu'il ne s'agit pas ici d'une critique légère, on peut citer un passage du livre d'un des philosophes qui a voulu abriter l'argument du maitre de plusieurs générations, de certaines objections pertinentes, embarrassantes. Voici ce qu'il écrit : «… Nous appelons problématique les *conditions de production théoriques* et nous entendons par texte un certain type de production. Toute production étant réglée par des conditions de production précises, nous dirons que chaque texte est une formation textuelle ou articulation d'au moins deux problématiques, dont l'une est massivement dominante. Ainsi Althusser repère des éléments préscientifiques dans *Le Capital*, texte dominé par une problématique scientifique (A. 12-13). Dans chaque cas, *il faut localiser la problématique dominante* et les éléments dépendants d'autres problématiques : ce qu'on appelle « texte » est le résultat de leur combinaison articulée.[33]

Jacques Stéphen Alexis a choisi une autre voie pour expliquer le passage de Hegel à Marx et ce que ce dernier doit à Hegel. Le côté faible de Hegel ne doit pas être confondu et identifié avec son côté fort. Il ne faut pas jeter l'enfant avec l'eau du bain. Est-ce que le dépassement de l'hégélianisme par le marxisme peut être pensé au sens d'une coupure radicale qui s'effectuerait par Marx avec Hegel ? Il y a une subtilité philologique à laquelle il faut prêter attention parce qu'elle a retenu l'attention de Jacques Stéphen Alexis. Il disserte longuement sur ce point. Voici comment il argumente. :

---

[33] Karsz Saül, *Théorie et politique : Louis Althusser* avec quatre textes inédits de Louis Althusser, Librairie Athènes Fayard, 1974, p. 35.

« Citant Hegel, DÉPASSER et LE DÉPASSER (L'idéal) est un des plus importants concepts de la philosophie, une détermination fondamentale qui revient absolument partout, dont il faut saisir le sens avec précision et qu'il faut en particulier distinguer du néant. Ce qui se dépasse ne devient pas pour cela le néant. Le néant (le non-être) est l'IMMÉDIAT : un terme DÉPASSÉ est par contre MÉDIÉ, il est un non-étant, mais en tant que RÉSULTAT qui est né d'un être; il a donc encore en lui la détermination dont il provient... ». (HEGEL, *Grande Logique*, chap. I, p. 110-111)[34]

Ce n'est pas ici le lieu adéquat pour épuiser toutes les particularités philologiques et sémantiques du problème. Hegel a toujours, dans toute son œuvre, attiré notre vigilance sur les particularités spécifiques de la langue allemande. Il a plusieurs fois, dans plusieurs textes, insisté sur le fait que la langue de Goethe est une langue dialectique où un mot peut servir de concept théorique porteur non seulement de deux significations, mais en même temps de deux significations différentes antagoniques, mais simultanément unifiées.

Ce que l'on traduit en français par *dépassement* et par le verbe *dépasser*, ce sont respectivement les deux mots allemands : *AUFHEBUNG* et *AUFHEBEN*.

L'«Aufhebung», le dépassement, c'est l'acte de dépasser, de Aufheben c'est-à-dire la nouvelle étape qualitative, de passer à un stade nouveau en laissant derrière l'étape passée, mais c'est en même temps conserver la partie de l'étape qu'on vient de passer. Si l'on veut établir une comparaison avec l'espagnol (*superar*), ce n'est pas *destruir sin mas,* détruire sans plus le passé, el pasado, c'est, malgré le fait que ce soit le mouvement opposé, que ce ne soit pas

[34] Alexis, Jacques Stéphen, *Le marxisme, seul guide possible de la révolution haïtienne*, p. 91-92.

le même mouvement : quand on dépasse, on dépasse, quand on conserve, on conserve. *Superar c'est superar* = dépasser et conservar c'est conserver.

Quand Marx cependant dépasse Hegel, ce n'est pas un processus absolu, c'est en même temps un développement qui conserve le noyau le plus vivifiant qui est conservé en même temps qu'il disparaît. Dans un article que Engels avait écrit pour un journal allemand *Das Volk* (Le Peuple) pour expliquer l'objet du *Capital* de Marx, voici ce qu'il écrivait : « Marx war und ist eïnzïge, der sich der Arbeit unterziehen konnte, aus der Hegelsehen Logik, den Kern herauszuchälen, der Hegels Wirkliche Entdeckeengen auf diesem gebéet umfaBt, und die dialektische, die Marx Kritik der politischen Ökonomie zugrunde liegt, halten wir für Resultat das an Bedeutung kaum der materialistischen grundansehaueeng nachsteht. »

(Marx était et est le seul qui pouvait réaliser le travail de la logique de Hegel, d'éplucher le noyau, qui embrasse les vraies découvertes de Hegel dans ce domaine et de créer la méthode dialectique, débarrassée de ses enveloppes idéalistes dans la configuration simple qui devient seule la forme juste de développement de la pensée. L'élaboration de la méthode, qui est à la base de la critique de l'économie politique de Marx, nous la tenons pour un résultat qui n'est pas inférieur en importance à la conception fondamentale matérialiste).[35]

Il faut pour s'approprier Hegel, une méthode de lecture adéquate. Les marxistes ne lisent pas Hegel, pour devenir hégéliens, mais pour aller, arriver à Marx. Marx et Engels ont lu les premiers Hegel en matérialistes. Lénine lui-même a également suivi ce principe théorique de Marx et de Engels. Dans les « Cahiers

[35] Engels, Friedrich, *Écrits choisis de Marx et de Engels* (Marx-Engels, Ausgewahlte Schriften Dietz Verlag), Berlin, 1968, p. 345.

philosophiques» du grand dirigeant de la révolution d'Octobre, quand il prend des notes sur la partie de la «grande logique», livre de Hegel le plus important pour lui qui traite de la «théorie de l'être» (*Die Lehre vom sein*), Lénine écrit : «Hegel c'est le matérialisme renversé sur la tête», reprenant une formulation de Engels..., « Je m'efforce en général de lire Hegel en matérialiste.»[36]

Jacques Stéphen Alexis est un marxiste érudit. Il a lu après Lénine, tous ces textes de Hegel : les logiques (La grande logique et la petite logique de « L'Encyclopédie des sciences philosophiques) : la Phénoménologie de l'Esprit », l'Histoire de la philosophie particulièrement la fin du troisième tome qui traite du concept de philosophie, les leçons sur la philosophie de l'Histoire, les leçons sur l'esthétique et il a lu comment d'autres marxistes comme Plekhanov les a lus.

La formule de Lénine au début des «Cahiers philosophiques» où il commente «la grande logique de Hegel» confirme ce principe. «On ne peut comprendre Le *Capital* de Marx et en particulier le premier chapitre qu'à condition d'avoir étudié et compris toute la logique hégélienne. Aussi, au bout d'un demi-siècle, aucun des marxistes n'a compris Marx.» (Lénine, *Œuvres philosophiques posthumes*).[37]

Cet aphorisme a fait l'objet de nombreuses exégèses, les unes plus déroutantes que les autres, surtout quand il est pris pour une boutade. Il n'en est rien. Lénine y signale un des aspects les plus importants sur lesquels Marx et Engels se sont étendus pour une compréhension adéquate du livre le plus important de la tradition théorique marxiste.

Il faut rappeler d'abord quelques éléments d'information nécessaires. On se méprend assez souvent sur l'aspect quantitatif du «Capital». En réalité, «Le Capital» (*Das Kapital*) comprend six (6) tomes. Marx, lui-même, n'a publié de son vivant que le

---

[36] W. I. Lénine, *Les cahiers philosophiques, t. 38*, édition allemande Dietz Verlag, 1971, p. 94.
[37] Alexis, Jacques Stéphen, *Le marxisme, seul guide possible de la révolution haïtienne*, p. 70.

premier tome en 1867. Après sa mort, Engels publia en 1885 le deuxième tome et un an avant la fin de sa vie, survenue en 1895, édita le troisième tome inachevé en 1894. C'est Karl Kautsky qui va éditer en 1905 les trois (3) derniers tomes du *Capital.*

Dans la postface qu'il a écrite pour la deuxième édition du *Capital* (1er tome) en 1873, Marx est revenu sur l'identité et la non-identité entre la méthode dialectique de Hegel et la sienne, sur ce qui les sépare, ce qui les différencie et ce qui les unit. Deux éléments qu'il identifie dans sa méthode dialectique, ce sont d'une part la *Forsehungsweise* (le mode d'investigation) et la *Darstellungsweise* (le mode d'exposition). Engels dans les articles qu'il a publiés pour rendre le contenu du premier tome du *Capital* accessible aux ouvriers va mettre l'accent sur l'utilité de l'ordre d'exposition des catégories de la logique de Hegel pour comprendre l'ordre d'exposition des catégories du premier tome du *Capital.* Dans la logique de Hegel, on a affaire à trois (3) structures fondamentales : la théorie de l'Être (*Die Lehre des Seins*), la Théorie de l'Essence (*Die Lehre des Wesens*) et la Théorie du concept (*Die Theorie des Begriffs*) qui elles-mêmes ordonnent les concepts qui sont réglés par elles. Engels a toujours expliqué que dans le premier tome du *Capital*, on a devant soi trois (3) structures théoriques qui se déploient : la marchandise (*Die Ware*), l'argent (*Das Geld*) et le capital (*Das Kapital*). Marx avait élaboré un plan en trois (3) stades pour étudier le *Capital* : le procès de production (*Produktions prozess*) et le procès de circulation (*zirkulationsprozess*), le procès général (*Der Gesamtprozess*). Le dernier tome (*Die theorien über den Mehrwert*) (Les théories sur la plus-value) devrait traiter (*Die geschichte der theorie*) l'histoire de la Théorie. Une fois encore, on est confronté à Hegel.

Toujours dans ce même ordre d'idées l'importance de la pensée de Hegel pour Marx et Engels, retenue par Lénine, on doit souligner la conception de la dialectique, en plus d'être une arme théorique », celle d'être une arme politique que Jacques Stéphen Alexis a adoptée de ses maitres classiques et particulièrement de Lénine. Un texte de ce dernier qu'on a l'habitude de présenter comme son testament philosophique porte pour titre significatif : « Sur l'importance du matérialisme militant. »[38]

On doit insister sur la Valeur théorique et politique de cet écrit de Lénine qui est sorti sous sa plume deux ans avant sa mort alors qu'il était déjà gravement malade des suites de cet attentat contre sa vie. Il y traite un problème qui va occuper les pensées de Jacques Stéphen Alexis : celui de l'alliance théorique entre les intellectuels marxistes et les intellectuels non-marxistes et comment les intellectuels marxistes doivent être eux-mêmes formés théoriquement pour pouvoir convaincre les spécialistes des sciences de la nature qui n'ont comme bagage théorique qu'un matérialisme spontané. Il enseigne que si l'on veut réussir dans cette tâche délicate, il faut que le scientifique, spécialiste des sciences de la nature, devienne « un matérialisme moderne » c'est-à-dire un partisan conscient du matérialisme représenté par Marx, un matérialiste dialectique ». Et dans ce contexte, Hegel ne peut pas manquer au rendez-vous. C'est la raison pour laquelle les collaborateurs de la revue « Sous la bannière du marxisme » « doivent organiser une étude systématique de la dialectique de Hegel d'un point de vue matérialiste, de cette dialectique que Marx a appliquée de manière pratique avec succès aussi bien dans son “Capital” que dans ses écrits historiques et politiques. »[39]

On ne doit pas être effrayé par les erreurs qui peuvent être commises quand on entreprend de réaliser ce projet « d'interprétation et de propagande de masse de la dialectique de Hegel. Lénine conseille à l'équipe de la revue, de choisir des extraits

[38] Cet article a paru dans le 3e numéro de cette nouvelle revue de l'époque « Sous la bannière du marxisme », créée par des intellectuels du parti bolchévique d'alors Boukharine, Deborine, Trotski, Riazanou, etc.

[39] Lénine, *Sur l'importance du matérialisme militant*, œuvres complètes (en allemand) t. 33. p. 219.

des œuvres principales de Hegel et de les interpréter d'un point de vue matérialiste. On devrait penser à la possibilité de publier également des modèles d'analyses dialectiques tirées des ouvrages politiques et économiques de Marx.»

Lénine proposa à la revue de donner au groupe qui s'occuperait de ce travail le nom de «Société des Amis Matérialistes de la Dialectique de Hegel» qui s'exercerait également à la pratique de la dialectique en renversant, à partir d'une position matérialiste, la dialectique de Hegel et en puisant dans la vie économique et politique de l'histoire récente des exemples desquels s'inspirer.[40]

Cette application pratique de la dialectique de Hegel d'un point de vue matérialiste était un art dans lequel Lénine excellait. En différentes occasions, soit dans le débat de 1921 avec Boukharine et Trotski sur la question des syndicats, soit dans la controverse avec Rosa Luxembourg sur la question de l'impérialisme et de la question nationale, Lénine a montré infatigablement que la maitrise de l'utilisation de la dialectique matérialiste n'était pas une occupation académique oiseuse, mais la garantie indispensable de la justesse de l'analyse politique d'une situation concrète. On ne peut pas résister à la nécessité impérative de citer le cas d'un des derniers textes de Lénine qu'il a dictés à ses secrétaires, quelques jours avant sa mort appelé «Lettre au congrès du parti», mais plus connu sous le nom de «Testament politique» de Lénine. Il constitue un document historique : sentant proche sa fin, le génial homme politique, avec un sens aigu de responsabilité, diagnostiqua et fit une analyse lucide des qualités et des défauts des dirigeants suprêmes de la plus haute instance exécutive du parti : le bureau politique. Comme c'est toujours le cas chez Lénine, la question de la dialectique était à nouveau posée par lui. Voici ce qu'il écrivait sur Boukharine, l'un des plus éminents intellectuels bolchéviques : « Boukharine est non

[40] Voir Lénine, *ibid*, p. 219-220.

seulement un théoricien du parti de très grande qualité et de très grande importance, mais encore, il est considéré avec raison comme le chéri du parti tout entier. Cependant, ses conceptions théoriques ne peuvent être considérées comme entièrement marxistes qu'avec de très grandes réserves, car il se cache en lui quelque chose de scolastique *(il n'a jamais étudié la dialectique et je crois, il ne l'a jamais comprise)*.[41] (Souligné par moi Y. D.)

Chez l'auteur des *Cahiers philosophiques*, l'unité organique entre la théorie et la pratique est la boussole du succès de l'action politique. Il faut citer une autre formule de ses réflexions politiques « La théorie de Marx n'est pas vraie parce qu'elle est utile, elle est utile parce qu'elle est vraie. » Il est intéressant de se souvenir de Bertolt Brecht, qui comme Jacques Stéphen Alexis, a beaucoup lu Hegel, et est souvent cité par ce dernier. En même temps qu'il a beaucoup étudié Marx, il avait pris des leçons particulières sur Hegel avec l'un des plus grands connaisseurs de Hegel en Allemagne : Karl Korsch.[42] Brecht qui lisait beaucoup Lénine avait élargi la proposition de ce dernier en demandant la création d'une « société internationale des amis matérialistes de Hegel ».

Jacques Stéphen Alexis était donc un ami matérialiste de Hegel et même dans ses œuvres littéraires, on trouve des formulations elles-mêmes influencées par la dialectique hégélienne et marxienne. Par exemple : dans « L'espace d'un cillement », on peut lire :

« … Tout amour a deux aspects, le revers et l'avers, l'aspect spirituel, la participation et l'aspect physique, l'accouplement. L'amour, tout amour, contient en soi la possibilité d'une prostitution.

---

[41] Lénine, *Lettre au congrès du Parti*, œuvres choisies, Maison d'Édition Progrès, Moscou, p.687.

[42] Bertolt, Brecht a été un grand ami de Anna Seghers ainsi que sa femme Helene Weigel. Anna Seghers, juive communiste allemande a passé le temps de son exil au Mexique où elle a développé une grande amitié avec Roumain. Quand j'ai visité le musée de Brecht à Berlin où se trouve également sa bibliothèque, j'ai été agréablement surpris d'y voir un exemplaire de la traduction allemande des « Gouverneurs de la rosée » de Roumain.

Il en est de même pour le sentiment que révèle cette odeur. La Niña Estrellita perçoit enfin l'odeur de la sueur humaine, — cette même sueur que chante la Bible ! — et cette dernière essence achève de bouleverser son olfaction. Elle plonge soudain en elle-même en un point de son existence qu'elle avait cru à jamais effondré dans l'arcane nocturne, sans fond, de sa personnalité aliénée par la prostitution. Sueur pour la misère, sueur pour la faim des enfants blottis dans le logis, sueur pour la maladie qui guette, sueur pour le toit percé et les souliers crevés, sueur pour faire naitre un sourire fragile sur un visage désabusé ! Cet inconnu affalé contre a l'odeur même de la vie, l'odeur du chant de marche de l'humanité pour une vie moins désespérée, moins laide, plus digne, l'odeur des *Agnus Dei* de toutes les messes des lamentations ! Cependant, ce qui a la plus grande résonance à l'odoration de la petite putain, c'est cette odeur de tristesse et d'abattement qui se dégage de El Caucho aujourd'hui. Vous savez, cette odeur pointue, cette odeur amère, cette odeur combien ténue, mais cisaillante des hommes angoissés ? Cette odeur que longtemps à l'avance, de très loin, perçoivent les chiens quand un homme va mourir dans un quartier, cette odeur qui les fait hurler des nuits entières, cette odeur qui n'est pas celle de la mort qui s'approche, mais bien celle de la chair humaine qui sue le chagrin et l'éternel adieu. Elle distingue nettement cette exhalaison sur El Caucho.[43]

[43] *Ibidem*, p. 140-141.

Jacques Stéphen Alexis et la question Feuerbach

Plus que Jacques Roumain, c'est Jacques Stéphen Alexis qui a vraiment attiré notre attention sur l'importance de Ludwig Feuerbach pour et dans le marxisme. Encore une fois, il faut revenir à son texte théorique et politique « Le marxisme, seul guide possible de la révolution haïtienne » qui est « le discours de la méthode » de sa pensée. Il s'y trouve trois références cardinales à Ludwig Feuerbach. En premier lieu, il situe, en s'appuyant sur Engels, la place historique de Feuerbach :

« Alors que les hégéliens de gauche » se débattent pour voir clair et avec eux Karl Marx et Friedrich Engels et même des ouvriers allemands, surgit tout à coup Ludwig Feuerbach qui tente de fertiliser le corps admirable qui va périr, l'hégélianisme. C'est Ludwig Feuerbach qui va réaliser la médiation nécessaire, car la « gauche hégélienne » en se jetant dans la lutte antireligieuse et le radicalisme, avait seulement dessaisi l'idée Absolue de la mission d'élargir la connaissance. Engels nous décrit ainsi ce grand moment de l'histoire de la philosophie :

« C'est alors que parut *L'essence du christianisme* de Feuerbach. D'un seul coup, il réduisit en poussière la contradiction en replaçant carrément le matérialisme sur le trône. La nature existe indépendamment de toute philosophie; elle est la base sur laquelle nous autres mêmes, nous produits de la nature, avons grandi; en dehors de la nature et des hommes, il n'y a rien et les êtres supérieurs créés par leur imagination religieuse ne sont que le reflet fantastique de notre propre être. L'enchantement était rompu; le "système" brisé et jeté au rancart, la contradiction n'existant que dans l'imagination résolue. Il faut avoir éprouvé soi-même l'action libératrice de ce livre, pour s'en faire une idée. L'enthousiasme fut général : nous fûmes tous momentanément des "feuerbachiens". On peut voir en lisant la "Sainte famille" avec quel enthousiasme Marx salua la nouvelle façon de voir et à quel point — malgré toutes ses réserves critiques — il fut influencé par elle».

Il ne faut pas oublier non plus que si l'école hégélienne était dissoute, la philosophie hégélienne n'avait pas été dépassée par la critique. Feuerbach brisa le «système tout entier et le mit simplement de côté. Mais on ne vient pas à bout d'une philosophie en se contentant de la déclarer fausse. Il fallait la "supprimer" *dans son propre sens,* c'est-à-dire en détruisant la forme au moyen de la critique, mais en sauvant le "nouveau contenu acquis par elle. Nous verrons plus loin comment cela se fit" Engels, Ludwig Feuerbach et la fin de la philosophie classique allemande.»[44]

Ludwig Feuerbach est traité comme un paria de la philosophie académique. Il l'a été pendant toute sa vie : il n'a jamais pu avoir une chaire de philosophie à une université allemande. Encore hégélien quand il soutint sa thèse de doctorat en 1828, il publia un écrit anonyme en 1830 « Pensées sur la mort et l'immortalité (*Gedanken über den Tod und die Unsterblichkeit*) où il fit discrètement profession de foi d'athéisme et avec cette prudence imprudente se ferma jusqu'à sa mort la porte d'entrée à l'université. Il aggrava encore son cas avec la publication en 1841 de son ouvrage le plus connu «Das Wesen des christentums». (L'essence du christianisme).

---

[44] Alexis, Jacques Stéphen, *Ibid,* p. 96 - 97.

Jacques Stéphen Alexis se situe ici dans la ligne d'interprétation du vieux Engels et du jeune Marx de la pensée de Feuerbach, se sépare de l'interprétation du marxisme français et se rapproche de l'interprétation de la philosophie marxiste allemande.

En janvier 1842, Marx dans un article intitulé « Luther comme arbitre entre Strauss et Feuerbach (*Luther als Schiedsrichter zwischen Strauss und Feuerbach*) fait un premier éloge de Feuerbach : « Und euch, ihr spekulativen Philosophen, Wenn ihr anders zu den Singen, wie sie sind, d.h.zur wahrheit kommen Wollt. Und es gibt keinen andern Weg Für euch zur Wahrheit und Freiheit, als durch den Feuwebach. Der Feuerbach ist das Purgatorium der Gegenwart. »[45]

« Et vous, théologiens spéculatifs et philosophes, je vous donne un conseil : libérez-vous des concepts et des préjugés de la philosophie spéculative existante jusqu'à présent, si vous voulez comprendre les choses telles qu'elles sont, c'est-à-dire atteindre la vérité. Il n'y a pas d'autre voie pour vous, pour arriver à la vérité et à la liberté que Feuerbach. *Feuerbach est le purgatoire du présent* ».[46] (Souligné par moi, Y. D).

Dans les «Manuscrits économico-philosophiques» de 1844, Marx revient à la question Feuerbach et formule l'énoncé suivant :

« VonFeuerbach datiert erst die positive humanistische und naturalistische Kritik. Je geräuschloser, desto sichrer, tiefer, umfangsreicher und nachhaltiger ist die Wirkung der "Feuerbachischen" und "Logik", worin eine wirkliche Revolution enthalten ist. »[47]

---

[45] Marx, Karl, *Luther comme arbitre entre Strauss et Feuerbach*, œuvres de Marx et de Engels, T.1. Dietz-Verlag Berlin, 1959. p. 27.

[46] Marx, Karl et Engels, Friedrich, *La sainte Famille ou critique de la critique critique*, œuvres de Marx et de Engels, it, p. 99.

[47] Marx, Karl. *Manuscrits économico-philosophiques (1844)*, œuvres de Marx et Engels, tome complémentaire.
Écrits jusqu'à 1844, première partie, Dietz Verlag, Berlin, 1973.

« C'est de Feuerbach que date d'abord la critique positive humaniste et naturaliste. Les écrits de Feuerbach sont d'autant plus précieux, sûrs, profonds, étendus et durables dans leur effet qu'ils sont les seuls écrits depuis la "Phénoménologie" et la "Logique" de Hegel qui contiennent une véritable révolution théorique. »

Et dans « la Sainte Famille ou critique de la critique critique ». Marx et Engels ont encore amplifié leur éloge de Feuerbach (1845).

« Aber wer hat denn das Geheimnis des "Systems" aufgedecht ?

Feuerbach wer hat die Dialektik der Begriffe, den götterkrieg, den die Philosophie allein kannten, zwar nicht "die Bedeutung des Menschen" als ob der Mensch ist aber doch "den Menschen" an die Stelle des alten Plunders, auch des "unendlichen Sellstliewusstseins". *Feuerbach, und nur Feuerbach.* Er hat noch mehr getan. »[48]

Mais qui a donc découvert le secret du système ? Feuerbach qui a détruit la Dialectique des concepts, la guerre entre les dieux que seuls les philosophes connaissaient ? Feuerbach qui a mis — en réalité non pas l'importance de l'homme — comme si l'homme avait encore une autre importance que celle d'être l'homme — à la place du vieux bric-à-brac de « l'autoconscience infinie » ? Feuerbach et seulement Feuerbach. Il a encore fait plus.

Si l'on se place du point de vue du marxisme comparé, on remarque très vite que la position du marxisme haïtien de Jacques Stéphen Alexis converge avec la position du marxisme italien (Carlo Ascheri : Feuerbach 1842 : *Necessita di un cambiamento*) Nécessité d'un changement, du marxisme russe (Plechanov, Lénine), du marxisme allemand (Manfred Schuffenhauer) *et est beaucoup plus éloignée du marxisme français* (Lefebvre, Althusser).

On peut résumer en deux thèses, formulées par Jacques Stéphen Alexis lui-même, sa position par rapport à Feuerbach.

---

[48] Marx — Engels, *La Sainte Famille ou critique de la critique critique.* Marx – Engels, œuvres, Tome II, Dietz Verlag, Berlin, 1959. p. 98.

« En somme, pour nous résumer, nous pouvons dire que tous les écrits de Marx avant 1844 portent dans une mesure variable *l'empreinte de l'idéalisme hégélien puis d'une négation feuerbachienne de cet hégélianisme qui continue à survivre dans son esprit dialectique.* Ces œuvres de Marx tout en ayant pour nous comme celles de Hegel et de Feuerbach une immense valeur doivent être étudiées avec un esprit critique, le même que Marx, Engels et Lénine ont appliqué aux textes de Hegel à la lumière du matérialisme dialectique.[49] (Les passages soulignés le sont par moi, Y. D.)

« Ludwig Feuerbach sera, par son apport, la médiation entre l'âge de la philosophie spéculative qui est parvenue à produire l'hégélianisme et l'âge nouveau qui doit succéder...».[50] C'est pourquoi Jacques Stéphen Alexis ajoute plus loin dans son texte : «Avec Marx, le premier Anti-philosophe de cette philosophie de type nouveau, la voie est ouverte à la contribution des autres hommes qui accepteraient d'être des philosophes du prolétariat.»[51] (Les passages soulignés le sont par moi, Y. D.)

Il faut accorder beaucoup d'attention à la deuxième thèse pour ne pas mal interpréter le concept alexisien d'antiphilosophie. J'aimerais faire remarquer deux aspects.

Le philosophe italien Carlo Ascheri qui est mort en novembre 1967 était l'un des grands spécialistes de Feuerbach du pays de Gramsci. Son ouvrage remarquable a été traduit et publié en allemand avec une différence avec l'édition italienne sous le titre : «Carlo Ascheri, Feuerbach Bruch der Spekulation Kritische Einleitung zu Feuerbach». *Die Notwendigkeit einer Veränderung* (1842). *Carlo Ascheri. La rupture de Feuerbach avec la spéculation. Introduction critique à Feuerbach. La nécessité d'un changement (1842).*

---

[49] Alexis, Jacques Stéphen, *Le marxisme, seul guide possible de la révolution haïtienne*, p. 101.
[50] Alexis, Jacques Stéphen, *Ibidem*, p. 137.
[51] Alexis, Jacques Stéphen, *Ibidem*, p. 107.

Dans l'espace théorique français, Feuerbach a été considéré comme un philosophe mineur. Henri Lefebvre, philosophe, sociologue, écrivit à l'époque où, membre du parti communiste français, il jouissait d'une grande autorité intellectuelle, sur Feuerbach[52] : «… Feuerbach continue, sans apporter de progrès décisif, le matérialisme encore sommaire du XVIIIe siècle… c'est par son caractère *rétrograde* (souligné par Althusser) dans la théorie que la philosophie de Feuerbach exerça d'heureux effets progressistes dans l'idéologie, voire dans l'histoire politique de ses partisans[53]. Il faut cependant reconnaître à Althusser le grand mérite d'avoir traduit et publié dans un livre « Ludwig Feuerbach, Manifestes philosophiques, Textes choisis (1839-1845) des textes du jeune Feuerbach qui jusque-là étaient tout à fait inconnus en France, malgré le fait qu'il ne se soit pas donné la peine de choisir d'autres textes de jeunesse de Feuerbach tout aussi importants que ces derniers.[54]

Il faut aussi réfléchir plus profondément au sens du titre du livre du vieux Engels. Le titre de l'ouvrage de Engels est : *Ludwig Feuerbach et la fin de la philosophie classique allemande.* Il existe deux mots allemands qu'on traduit par le mot français fin : *Das Ende*, la fin comme le contraire du commencement et la fin comme dernier moment, la dernière étape d'un processus. Engels n'utilise pas par hasard le mot *Ende* mais le mot *Ausgang.* C'est pourquoi le titre allemand s'énonce comme suit : *Ludwig Feuerbach und der Ausgang der Klassischen Deutschen Philodophie.* Feuerbach est pour Engels le point de culmination de la philosophie classique allemande,

[52] Lefebvre, Henri. *Pour connaître la pensée de Karl Marx*, Bordas, Paris, 1966. p. 124.
[53] Voir Althusser, Louis, Ludwig Feuerbach, *Manifestes philosophiques, Textes choisis (1839-1845)*, Presses universitaires de France, 1960.
[54] Althusser, Louis, *Ibidem*, p. 63.

comme la fermeture de la philosophie spéculative et l'ouverture de la philosophie non spéculative, ce que Carlo Asteri appelle la rupture de Feuerbach avec la spéculation et Alexis l'ouverture de la période de l'antiphilosophie qui ferme l'ère de la philosophie spéculative.

La deuxième remarque qui s'impose, c'est à propos de l'œuvre et de l'interprétation de l'œuvre de Feuerbach. Ici, il faut se courber bien bas devant Werner Schuffenhauer, le grand spécialiste de Feuerbach de l'ex-République démocratique allemande qui n'existe plus et qui nous permet aujourd'hui de disposer de l'édition la plus complète jusqu'ici de Feuerbach en 21 volumes. Au moment de sa mort en 2012, Schuffenhauer avait le projet de publier 3 autres tomes de Feuerbach. Lui-même a publié en 1972 la deuxième édition de son ouvrage sur Feuerbach qui est aujourd'hui une référence obligatoire : « Feuerbach und der junge Marx. Zur Enstehungs geschichte der marxistischen Weltanschauung (Feuerbach et le jeune Marx. À propos de l'histoire de la genèse de la conception marxiste du monde, Berlin, 1972) ».

Ce qui est important dans le travail d'édition de Schuffenhauer, c'est qu'il a publié deux tomes de la correspondance de Feuerbach où l'on trouve pour la première fois toutes les lettres échangées entre Marx et Feuerbach et les lettres entre Feuerbach et des philosophes de son époque comme son ami le philosophe Christian Kapp.

Il faut aussi signaler la biographie très instructive de Feuerbach de Hans Martin Sass et les deux ouvrages sur Feuerbach du philosophe éminent de l'École de Francfort Alfred Schmidt dont on ne peut pas se passer si l'on s'occupe sérieusement de Feuerbach : *Alfred Schmidt Emanzipatorische Sinnlickeit – Ludwig Feuerbachs anthropologischer Materialismus (Alfred Schmidt, La Sensibilité émancipatrice Carl Hanser Verlag* (Maison d'Édition) Munich, 1973 et son livre encore plus important sur Feuerbach en deux volumes : *Ludwig Feuerbach, Anthropologischer Materialismus – Ausgewählte Schriften I und II –* (*Ludwig Feuerbach – Matérialisme anthropologique – Écrits choisis,* 1967 Frankfurt am Main).[55]

[55] Alfred Schmidt est le spécialiste de Feuerbach qui a thématisé son influence sur les penseurs russes. Voici ce qu'il écrit : *Wichtiger noch auch politisch ist Feuerbachs Einfluss auf die russische Geistesgeschichte auf den Anarchisten Bakunin und die sogenannten « revolutionären Demokraten » Belinsky, Herzen, Dobrolioubov und Tchernyschewsky gehen anhand seiner Schriften von Hegel zum Materialismus über ohne jedoch die Dialektik gäuzlich preiszugeben. Plechanov der Begründer des russischen Marseismus ist feuerbachianisch orientiert und Lexins berühmtes Buch Materialismus und Empiriokritizismus knüpft unmittelbar an Feuerbach an Sowie an den « Natur – Monismus « des Feuerbachianers Joseph Dietzgen* ». *Anthropologischen Materialismus Bd* 1, p. 11. Traduction : « Plus important encore également du point de vue politique — est l'influence de Feuerbach sur l'histoire intellectuelle russe, sur l'anarchiste Bakounine et les soi-disant "démocrates" révolutionnaires Belinski, Herzen, Dobroliouliw et Tchernichevski vont passer avec l'aide de ses écrits de Hegel au Matérialisme sans sacrifier cependant tout à fait la Dialectique Plechanov, le fondateur du marxisme russe, s'oriente à partir de Feuerbach et le livre célèbre de Lénine *Matérialisme et Empiriocritisme* part de Feuerbach et du Marxisme — Nature du Feuerbachien Joseph Dietzgen. » *Le Matérialisme anthropologique*. t.1. p.11.

Troisième chapitre

Jacques Stéphen Alexis, le marxiste aux multiples profils

Le médecin-neuropsychiatre à la Salpêtrière

Quand on mentionne que Jacques Stéphen Alexis s'est spécialisé en neurologie et psychiatrie, on pense inévitablement à Frantz Fanon. Ce n'est pas non plus par hasard si le seul ouvrage de Jacques Stéphen Alexis qu'on a retrouvé dans la bibliothèque de Fanon en Algérie est « L'espace d'un cillement ». C'est ce roman, qui est resté inachevé puisque la tétralogie dont elle faisait partie n'a pas vu le jour totalement. Les écrits psychiatriques de Fanon ont été enfin publiés par Jean Khalfa et Robert Young[56]. Fanon et Alexis se sont assurément connus puisqu'ils ont pris part, les deux, au premier congrès des écrivains et artistes noirs à Paris en septembre 1956, Fanon avec le texte de son intervention « Racisme et Culture » [57] et Alexis avec le sien « Du réalisme merveilleux des Haïtiens »[58]. On aurait aimé lire ce que Fanon avait compris de « L'espace d'un cillement », compte tenu du fait que ce texte est

[56] Voir Frantz Fano, — *Écrits sur l'aliénation et la liberté,* Textes réunis, introduits et présentés par Jean Khalfa et Robert Young.
[57] Voir Frantz Fanon — *Recueil de textes introduit par Mireille Fanon* — Mendès–France, Genève, 2013.
[58] Voir *Présence* de Jacques Stéphen Alexis.

une démonstration éblouissante de tous les registres du talent de Jacques Stéphen Alexis.

Frantz Fanon et Jacques Stéphen Alexis, deux neuropsychiatres noirs, antillais révolutionnaires, qui représentaient deux positions marxistes différentes : Fanon était devenu marxiste sous l'influence de l'existentialisme marxiste du Sartre de la *Critique de la Raison dialectique*[59] tandis que Alexis incarnait un marxisme classique ouvert.

Michel Séonnet l'écrit dans son livre sur Jacques Stéphen Alexis déjà cité : « 1946/1954, Jacques Stéphen Alexis se rend à Paris où il se spécialise en neurologie. Il est interne libre à la Salpêtrière ».

Et plus loin, écrivant sur les relations de Alexis avec la France, il continue : « Ainsi, le fils rend-il hommage à la mère adoptive. Elle lui a tant donné, dit-il. Elle lui a donné à cette époque deux ans de formation à l'hôpital la Salpêtrière comme « assistant étranger ». Donné : le mot n'est pas trop fort, puisqu'un assistant étranger ne perçoit aucun salaire. Alexis vit petitement de subsides que lui envoie son père ».[60]

Retenons ici notre souffle pour faire comme Sartre, pousser un cri. Alexis a passé tout ce temps comme médecin étudiant la neurologie à la Salpêtrière et aujourd'hui cent ans après sa naissance, il n'existe ni en France ni en Haïti un livre qui documente la présence de Jacques Stéphen Alexis dans ce haut lieu de la médecine française. Car la Salpêtrière n'est pas rien. C'est là qu'ont trôné avec toute leur science et leur art ces grands disciples français d'Hippocrate :

---

[59] Dans l'avant-dernier tome de ses mémoires, Simone de Beauvoir raconte cette anecdote : « ... Nous retrouvâmes Sartre pour déjeuner : la conversation dura jusqu'à deux heures du matin ; je la brisai le plus poliment possible, en expliquant que Sartre avait besoin de sommeil. Fanon en fut outré... Fanon avait énormément de choses à dire à Sartre et de questions à lui poser "Je paierais vingt mille francs par jour pour parler avec Sartre du matin au soir pendant quinze jours... Le vendredi, le samedi, le dimanche, nous causâmes sans arrêt." » Simone de Beauvoir. p. 421. *La Force des choses.*

Voir Yves Dorestal, *Le concept d'histoire chez Sartre, Existentialisme et Marxisme*, thèse de doctorat à l'Université de Francfort, 1974.

[60] Séonnet, Michel, *Ibidem*, p. 20.

Pinel, Esquirol, etc. Jean-Martin Charcot dont Sigmund Freud a été pendant une année l'assistant. Sans Charcot à la Salpêtrière et Liebault, Bernheim à l'hôpital de Nancy, Sigmund Freud ne se serait pas intéressé au traitement de l'hystérie qui a conditionné la naissance de la psychanalyse. C'est Freud qui, après son séjour à Paris, va traduire en allemand des ouvrages de Charcot qui à l'époque pratiquait l'hypnose comme méthode de traitement de l'hystérie. Après Paris, Freud est passé par Nancy et y demeura six (6) mois pour se familiariser à l'hôpital de Nancy avec de nouvelles variantes de traitement de l'hystérie parmi lesquelles la méthode de suggestion, amplification des techniques thérapeutiques de Charcot[61], de traitement de l'hystérie. La publication en 1895 par Freud et son ami Josef Breuer, « des études sur l'hystérie » est considérée comme l'acte de naissance de la psychanalyse.

La psychanalyse a été d'abord pour Freud une méthode de traitement de l'hystérie avant de conquérir sa place comme nouvelle science autonome.

La théorie freudienne de l'hystérie a permis à Freud de révolutionner la pensée moderne en créant une nouvelle théorie de la sexualité (« Trois essais sur la théorie sexuelle »), une nouvelle théorie du rêve (« L'interprétation des rêves »), une nouvelle théorie du psychisme humain (La découverte de l'inconscient), une nouvelle théorie de l'art (Les études sur la littérature; Geothe, Leonardo da Vinci, Dostoievski, dialogue avec Einstein sur la guerre Goethe Leonardo de Vince).

La Russie au temps de Lénine a été le premier pays à publier les œuvres complètes de Freud. Véra Schmidt, amie de Lénine, a utilisé l'enseignement de la psychanalyse pour innover dans l'organisation

[61] Le public haïtien doit savoir ce que raconte Ernest Jones, le psychanalyste anglais, disciple de Freud dans la première biographie officielle autorisée par Freud lui-même. Un matin, ce dernier lui a montré, heureux, un article qui avait paru à la une d'un journal haïtien sur la psychanalyse. Ce qui lui prouvait que la psychanalyse était en train de conquérir le monde.

des nouveaux *Kindergarten* de la révolution d'Octobre. Des psychanalystes proches de Freud se sont mis au service de la révolution socialiste comme Sabina Spiebrein.

Mais les choses changèrent à l'époque de Staline : la psychanalyse perdit sa place et l'intérêt qui lui était porté jusque-là.

Cela ne va pas de soi quand Jacques Stéphen Alexis fait un éloge aussi prononcé de Freud dans un texte comme « Où va le roman ? » où il dit :

« J'ai la conviction que les romanciers vont à la rencontre des contributions créatrices (Souligné par moi Y. D.) de Freud, des béhavioristes et surtout du grand Pavlov, dont les découvertes et la synthèse magistrale de l'activité nerveuse supérieure forment à mon sens la plus grande, la plus plausible et la plus fertile hypothèse qui nous soit jusqu'ici donnée pour essayer de comprendre ce mystérieux que constitue l'homme.»[62]

Le style théorique d'Alexis est un style condensé comme disait mon savant professeur allemand Alfred Schmidt, c'est *multtien non multa*, c'est peu pour beaucoup.

Ce que Jacques Stéphen Alexis pense ici dans ce qu'il dit c'est tout ce que Freud a écrit et qui était nouveau comme la théorie de la sexualité formulée dans les « Trois essais sur la théorie sexuelle ou ses théories sur l'art qui déconstruisent l'idéologie de l'inspiration, de la création artistique ».

[62] Alexis, Jacques Stéphen. Où va le roman ? In : *Intersections*, Paris, 2013, p. 83.

Bilan de l'héritage

Comme le disait Gérard Pierre-Charles à propos de la relation de fidélité de Jacques Stéphen Alexis à Jacques Roumain, Jacques Stéphen Alexis s'est montré digne de l'héritage de Roumain. Il appartient aux nouvelles générations d'accomplir le même acte envers Jacques Stéphen Alexis. Cet héritage est immense : il est intellectuel, théorique, idéologique, organisationnel, politique, littéraire. Il a élargi le marxisme haïtien en le mettant à l'école du marxisme mondial, c'est-à-dire du marxisme chinois (Mao Tse Toung), du marxisme vietnamien (Hô Chi Minh), du marxisme allemand (Anna Seghers, Bertolt Brecht, Ernst Thälmann), du marxisme italien (Antonio Gramsci), du marxisme russe (Plechanov, Lénine).

Jacques Stéphen Alexis aimait et répétait ce mot de Hegel où ce dernier a réfléchi sur la relation de la philosophie avec le temps, avec les limites du temps.

C'est un homme, c'est un marxiste révolutionnaire qui n'a pas échappé aux limites de son temps.

Lénine a écrit : «... il est beaucoup plus grave de ne pas connaître, reconnaître une erreur que de la commettre.

On commet inévitablement des erreurs quand on agit, quand on pense. Le mal quand cela arrive c'est ne pas les connaître théoriquement pour les rectifier. »

À l'époque de Staline, d'anciens compagnons des luttes de Lénine, Boukharine, Preobrashenski, Trotski et autres ont connu la disgrâce et la mort.

On ne peut pas réparer les injustices passées et à venir, mais on peut toujours lutter pour les réduire à moindre coût.

TABLE DES MATIÈRES

Lectures recommandées

Auteurs	Titres
Jacques Stéphen Alexis	Compère Général Soleil
Jacques Stéphen Alexis	L'Espace d'un cillement
Jacques Stéphen Alexis	Les Arbres Musiciens
Jacques Stéphen Alexis	Romancero aux étoiles
Jacques Stéphen Alexis (Préface : Yves Dorestal)	Lettre à mes amis peintres
Jacques Stéphen Alexis (Préface : Yves Dorestal)	Manifeste du Parti d'Entente Populaire (P.E.P)
Jacques Stéphen Alexis (Présentation : Mac-Ferl Morquette, Préface : Yves Dorestal, Postface : Jean-Robert Hérard)	Le marxisme, seul guide possible de la révolution haïtienne
Jean Hector Anacacis	Choc du populisme et de la gauche en Haïti - L'envers et le revers du mouvement lavalas
Pierre Buteau / Lyonel Trouillot (sld)	Le prix du jean-claudisme : arbitraire, parodie, désocialisation
Suzy Castor	L'occupation américaine d'Haïti
Yves Dorestal (sld)	Anthologie de textes philosophiques haïtiens
Yves Dorestal	Jacques Roumain 1907-1944 : Un communiste haïtien - Le marxisme de Roumain ou le commencement de l'histoire du marxisme en Haïti
Reynold Eustache	Le vodou et la résistance ayisyèn permanente : De la période coloniale à nos jours (Tome 2) Souvenance Mystique : la Société Belle Étoile
Serge Gilles	Itinéraire d'un homme de gauche : De Che Guevara à la social-démocratie
Jean-Robert Hérard	Le temps des Souvenirs : Le Mouvement démocratique 1971-1986
Widly Jean	Jacques Stéphen Alexis En Vingt-deux Morceaux de Soleil
Marc Menant	Haïti : le peuple de la liberté
Emmelie Prophète et Yves Chemla (sld)	Le Vieux Vent Caraïbe / Basculements et itinéraires du regard merveilleux
Hérold Toussaint (avec la participation de Guerdie Berger et Michel Dénéus)	Devenir des intellectuels humanistes à la lumière de "la belle amour humaine" de Jacques Stephen ALEXIS
Michel-Rolph Trouillot	Les racines historiques de l'État duvaliérien

Mars 2023

Port-au-Prince, Haïti
31, Delmas 31
Tél. : (+509) 3422-4471
c3editions.haiti@c3editions.com

www.ingramcontent.com/pod-product-compliance
Ingram Content Group UK Ltd.
Pitfield, Milton Keynes, MK11 3LW, UK
UKHW022007190726
13853UKWH00004B/1784